JN441236

달의 방정식

김무현 시집

문학의전당 시인선
406

달의 방정식

김무현 시집

문학의전당

시인의 말

하루의 숟가락을 채우기 위해 앞만 보고 달려온 시간
채우지도, 흘리지도 못한 마음
그 모든 것이
시로 말을 걸어 왔습니다.

이 책이 누군가의 마음에 잔잔한 위안과
작은 기쁨이 되었으면 합니다.

2025년 12월
김무현

차례

제2부

제3부

제4부

제1부

풍화의 틈

시간을 저울에 올려본 적 있는가
어깨 위엔 저녁이 얹혀 있다
꽃은 시들고 바람은 길을 잃는다
남는 건 희미한 흔적뿐

별은 왜 먼 곳에서만 빛나는 걸까
닿을 수 없음은 시간처럼 서럽고
위안은 기억처럼 내일이 오늘 위에 포개지고

남은 반쪽은 그림자를 닮겠지
빛을 입으려 구름은 자리를 떠나지 않는데
하루의 등을 밀며 서 있다

강 위를 흐르는 사람들 마음속에도
헝클어진 그림자 하나쯤 웅크리고 있겠지
바람이 저녁을 흔들고 낡은 시간을 털어낼 때
남은 건 풍화의 흔적뿐

발목의 길이

초침을 달았다

저울보다 가벼운 시간이
길을 잃어 눈 밑 주름 속에 숨어들었다

무게는 알 길이 없다
하루가 남겨진 끝자락을 풀어
등 굽은 이름들을 침묵 속에 접는다

굽는다는 것은
굴복이 아니다

허리 낮춰 귀를 숙이고
고단한 척추가 뱉는 신음을
안에 쌓인 오래된 걸음들을
조용히 읽어내는 일

닿을 수 없는 달은 내려오지 않는다

오히려 기댈 수 있었던 아득한 위안
쉽고 가까웠다면 이미 무너졌을지도

무릎이 꺾여 다시 돌아온 자리에 앉는다

산다는 건 발목의 깊이가
길어지는 것이 아니다

그림자 입술

둑방길에 서면 산 그림자 수면에 접혀
모로 누운 입술 하나
별들이 눈을 뜨면 열리는 문이 있었다

여름밤 개구리 울음 피어나고
어둠이 후끈 달아오르면
반딧불 하나 풋사랑을 안는다

언덕 집 막내며느리 낯선 씨앗 품어
고무신 가지런히 벗어두고
닫힌 문 뒤로 사라진
생의 풍문이 흐느끼듯 새어 나오고

전쟁 통에 아들 잃은 늙은이
걷는 귀가 어두워도 안아줄 뿐
잡을 수 없는 눈물 내려놓고
등 밀고 나가는 한 개의 문이 있었다

강물이 줄면 입술 한쪽이 갈라져
잡풀이 몰려들고 자갈돌 불평 소리 커지기도 했지만
입술 다시 한번 열릴 수 있다면
그곳으로 가고 싶다

멀수록 덜 아프다

자작나무의 저녁 속으로 들어선다
꽃은 색을 닫고 저녁의 무게가 땅에 눕는다

그리움은 멀수록 덜 아프지만 그곳엔
슬픔마저 숨 쉬지 않아 나무들은 고요하게 서 있다

저 곧은 줄기 속에도 비틀린 그림자
하나쯤은 숨 쉬고 있겠지

강 위에 기억 한 벌씩 벗어 놓고 사람들 안개처럼 걷는다
발자국을 지우며 흘러가도 석양은 묻지 않는다

왜 주저앉았는지 어디까지 흘러왔는지
붉은빛으로 등을 가만히 쓸어줄 뿐

머물러야 석양을 입을 수 있다는 것을 구름은 알고 있다
물비늘 속에 젖어가는 하루해처럼

발끝 그림자

나는 여기 있다 검은 그림자 위
풀잎인가, 아물지 못한 상처인가
내 발등엔 낯선 것들이 돋아난다

방금까지 나를 채운 건 따뜻한 너의 끝자락,
핏물 같은 뿌리 뜯겨나간 지금
붉은 울음이 터진다

네 맥박과 내 심장이 끈처럼 엉켰다 풀어지면
순간, 얼음 파편들이 허공을 갈라
차가운 바람이 몰려왔다

나는 버려진 신발이 아닌 사라진 발자국의
환영이자 찢긴 문장의 잔재

투명한 빗방울 흘러 젖어 갈 때
지우지 못한 이름 빗길에 떠밀려 올까,
끝없이 한쪽 발을 들고 섰다

해 질 녘 강가에서

황톳물 강가에서 씻기지 않는 발자국을 말린다
바람 앞에 누웠고 물처럼 낮은 길로만 흘러야 했던
무거웠던 하루들을 하늘에 널어본다

불붙은 노을은 손끝을 느리게 지우며 간다
풀잎은 바람에 다시 일어서지만
젖은 걸음은 비에 풀려 돌아올 길을 잃었다

허공에 묻는다 무너진 발자국은 어디에서
다시 시작할 수 있느냐고

흰 새 한 마리 지워진 시간을 찢듯 날아올라
어깨 위에 매달린 일기장을 흔들고 간다
잉크 번진 말들은 빗물에 섞여 하수로 떠내려가고

누구도 되지 못한 채
강바닥에 돌처럼 무겁게 가라앉는다

강가를 스치던 그림자들은 어둠보다 먼저 자리를 비우고
길은 끝을 지워 밤의 문을 열어젖힌다
물결은 이름을 씻어내리고 그림자를 잃었다

바퀴를 굴리고 싶은

외진 골목 웅덩이 옆에 웅크려 누워 있다
밑창 닳은 고무신엔 바람만 스쳐 가고
녹슨 관절 꺾인 채 맥없이 주저앉았다

도랑 건너 평생을 버틴 아득한 집
대문 앞에 나를 찾는 가족이 없다
밤낮 열두 시간 화학 냄새
쓰린 속으로 가족의 하루를 지켜왔다

삐걱이는 바퀴는 늑골 상한 짐승의 울음이고
굽어진 손잡이는 굳은살 박인 세월이다
아이들의 연필 한 자루 찬바람 이겨내던
운동화 한 켤레 보리쌀, 김칫국 한 사발까지

바퀴가 건져 올린 것,
밤마다 찢어진 어깨끈 부여잡고 기름 한 방울 없는
꿈을 굴렸고, 부엌 불빛이 켜지면
가장 먼저 끌려 나와 나의 존재를 증명했다

이제는 축이 닳아 가벼운 짐조차 버겁고
빠진 못과 휘어진 바퀴로 헛바람만 물어뜯는 절망
집 안의 작은 온기도 외면한다
여전히 기다린다 누군가 손잡이를 잡아주기를

녹슨 숨결로 누워 싸늘한 대문을 바라보는
버려진 가장의 그림자
늦은 밤 개 짖는 소리만이
웅덩이 속 달빛을 흔들고 있다

서강에 날다

밤이 꺼져가는 시간 지쳐 멈춘 낮달처럼, 어둠 자락에 발걸음 접고 창백한 눈이 허공을 더듬는다. 물안개 피는 강, 거처를 잃은 발자국들만 남은 채, 아는 얼굴인지 모를 요양원에서 돌아온 사내 한쪽 다리를 끌며 히죽거린다. "숨을 가두는 곳이지" "돌아오지 못할 바람만 불어" 말끝에 배고픈 저녁밥 냄새가 난다. 뒤를 밟아 오는 희미한 어머니의 그림자, 들숨과 날숨 사이 드나들던 죽음이 싸늘한 식탁 위, 한숨 같은 빈 숟가락으로 남았다. 기진한 백열등 아래 거실 웃음소리에 귀 기울이던 아버지 꺼져가는 입술에 얹혀 있던 연한 미소, 마지막 행복이었을까. 노을 속 흰옷 두 그림자, 위태로운 걸음과 기댈 수 없는 위로, 잡히지 않는 지난 시간의 바람 속, 오래된 그 이름들은 다 어디로 갔는가. 새 한 마리 깃털 하나 떨구지 못한 채 강물은 시간을 건너간다.

소리 잃은 사람들

젖은 풀잎 냄새가 등판을 적신다
길을 잃은 건 아니었다
남긴 발자국을 지우고 싶었을 뿐

돌아가고 싶지 않았다
떠가는 무명옷들의 형체여

발 없는 걸음으로 어디로 흐르는가
현실도 환영도 아닌 경계에 물결로 머무는가

물 위를 떠도는 소리 잃은 사람들
자아 하나쯤은 숨겨져 있겠지

축축한 하루가 느려진 걸음 밀어내고
그늘 속으로 젖어들었다

안개는 지워지고 있을 뿐 되돌아가지 않는다
어느 기억에도 닿지 못한 채

허물 벗기

내 거친 숨 다하면
미련한 몸뚱이 낯선 벌판에 버려다오

천둥 번개 소낙비에 거센 바람 살점 뜯어가도
기꺼이 내어주리

까마귀 눈알을 쪼아 삼키고
짐승이 뼈를 물어뜯어도 두렵지 않으리

눈치 없던 가면 가식적인 웃음
모두 허공에 던져 묻으리

번뇌는 풀잎 사이 흩어지고
울음은 강물 속에 씻기리

그리고 남는 것은 짐승의 눈으로 맑게 빛나리

거짓 없는 노을

이슬 터진 아침 햇살로 숨 쉬리

고통 사라지는 날
내 몸을 짐승이 울부짖는 언덕에 던져다오

갈증

햇빛에 지친 구름처럼
길 위에 검은 덩어리로 엉킨다
봄은 오지 못하고 낡은 언어들만 바람에 흩어진다
물길에 떠밀려온 조각 그림자 절뚝이며 떠돈다
원죄처럼 새겨진 그리움 흙먼지 위에 노을이 눕는다
물속 자맥질한 오리의 날숨이 창가에 부딪친다
말이 되지 못하고 마른 입술에 가뭄만 맴돈다
주저앉은 종이컵 바닥에 붉은 입맞춤의 흔적
마르지 못한 이슬 삼키고 가뭄 든 눈으로 더듬어도
부러진 글자 하나 없다
밤새 끓어대던 수많은 말들은 흔적조차 남기지 않았다
하늘은 밝아 오는데
낱말들은 어디에 숨어 침묵하고 있는가
부러진 연필을 다시 깎는다

기생초(妓生草)

붉은 입술 머금고 웃음 흘리니
검은 눈 노란 입술 오묘한 치장이여
긴 목 곧추세운 도도하고 화려한 자태
치마 끝 감겨오는 바람결의 춤사위

태양 안고 피어나 스스로 땅에 눕는 꽃
잘리고 짓눌려도 피어나는 억척의 숨결
잘못된 발길 몇 번이고 돌아서도 늘 그 자리
꺾어지고 넘어져도 홀로 불꽃처럼 타올라

지나가는 눈길마저 사로잡는
짧고 강렬하게 피었다 지는 이름
붉은 노래 잊히지 않을 여운
다시 피어나는 질긴 고독

꽃의 항변

나는 뿌리의 맥박에 기대어
조용히 숨 쉬는 고요한 심장
연분홍 웃음도 핏빛 울음도
저무는 날의 외로움도
너희 눈이 만든 허상일 뿐

나는 아파한 적 없고
슬픔에 젖은 적 없으니
바람의 길에 눕고 일어서며
비가 오면 비에 젖고
햇살에 내 빛을 드러낼 뿐

달빛에 밤의 티끌을 씻고
이슬로 얼굴 닦으며
고요한 운명처럼
씨앗을 틔우고 꽃대를 세운다

한 계절 머무는 삶의 숨결인데

울지도, 웃지도, 노래도, 절규도 못 하는
흙과 하늘 사이
찰나의 빛으로 지고 피고
다시 태어날 뿐

호들갑 떨지 마라
눈물과 환희에 불러들이지 마라
너희들의 거울이 아니다
내 몫의 생을 다하는
하나의 꽃이다

꼭짓점

닿지 않아도 튀는 불꽃
달아오른 그리움에 물러서는 설산들
미움도 시간으로 누워야
북극에 달이 뜬다

그립다는 말은 지워진 자리마다
새기는 간절한 문장
온몸으로 한 계절 앓고 나서야
비로소 침묵을 가질 수 있다

첫눈 내리는 날
하늘은 흰 종이 속처럼
남겨진 발걸음 젖은 물감으로 번지고
익숙한 이름 하나 바람에 휘둘리다
사라지는 눈발이어도

설원 위에 꼭짓점 하나
등불처럼 세워야 한다

제2부

박제된 허상

호흡이 어긋난다, 파란 안구가 나를 겨눌 때
어디에 두어야 할지 몰라 흔들리는 시선
억지로 지은 웃음
낯선 얼굴의 가면이 되고

찰칵, 셔터가 닫히기 전의 길고 긴 순간
초조와 불안이 휘감고 침묵은 존재를 억누를 때
찰칵, 가장 짧은 거리가 죽음보다 길다

나는 나를 삼키고 빛의 감옥에 갇힌
감정을 잃은 박제 하나
투명해지길 원했지만 순간의 빛 속에 박혀 있는

나는 피사체가 아니다 낯선 기억에 갇히는 일
살아 있는 내가 죽은 사본이 되는 일
묻는다, 마음에만 머무는 허상인가

속울음

수숫대 사이,
갈바람 부대끼는 마른 울음
남아 있음이 그만큼의 위안

햇살에 젖은 꽃잎
붉게 웅크린 뿌리에 맺힌 무게
심장 밑바닥에 침묵한 채

꽃대에 솟는 가는 떨림
잉걸불 이는 가슴 숨기고
아지랑이만 흔들릴 뿐

눈은 색에만 머물고
귀는 굳어진 무음의 벽

밤이 누우면 붉은 눈물의 파편들이
숨죽여 땅속에 오열을 묻고

아침이면 꽃이 웃는다

울음 한 송이 삼키며
뿌리 쪽 어둠을 더 깊이 물고

바람이 머문 자리

청보리 밭둑에 오르면 아지랑이 피어나는 오후
종달새 날갯짓이 하늘을 긁고 긴 이랑 너머
푸른 바람 스러지는 언덕

혀 빼물고 고무신 끌며 힘겹게 찍어가던 발자국
문밖으로만 내달리던 어린 날
시냇가 고기잡이는 뜰채 안의 웃음이었고

흙담 아래 봉숭아꽃물 들이던
손톱 얼룩진 단발머리 한나절
햇살은 그림자에 밀려 느리게 저물고

불러도 대답 없는 이름들만 남긴 채
낡은 새끼줄처럼 돌아온 먼 길
구멍 난 삼베 적삼 같은 시간 위에
마른 풀꽃이 눕는다

부러진 기역자

다리 꺾인 단어 하나 마른풀 더미에 웅크려 달빛에 흔들리는 시인의 그림자를 읽는다. 주머니 깊숙이 식어가던 쪽지 한 장, 바람을 거슬러 달리던 자전거, 앞서가는 단발머리 좇다 노을의 긴 그림자에 걸려 한순간 페달이 멎는다. 살얼음처럼 부서지는 시간들, 창가에 매달린 하현달이 가만히 속삭인다. "창을 여세요" 유리창 너머 어린 당신의 얼굴 위로 비가 내리고, 울컥 차오른 가슴 "이제 내게로 돌아와 기대세요" 당신으로 젖어가는 이 밤, 부러진 기역자 하나 세워 다시 시를 적는다.

버스를 기다리며

시골길 묵직한 검은 형체
짐승 같은 호흡 몰아쉬며 다가설 때

손을 들어야 할까 숨겨야 할까
허공 앞에 돌처럼 굳어버린 손

기다림은 선택이 아닌 듯 판결을 기다리는 법정
금속 괴물의 입이 벌어지기 전

잎 떨어진 마른나무
바람에 흔들리는 잿빛 그림자

두려운 눈 피해 낯선 입속으로
도망쳐 들어가면 차가운 공기가

목덜미 타고 흐르는 날카로운 시선이
심문처럼 비수가 되어 쏟아지고

스캐너 눈빛이 그림자까지 훑어낼 때
발은 어디로 갔는가 허공에 떠 있는가

남은 것은 먼지바람 속 그림자
나는 어디에도 없다

새벽

벽과 벽이 마주한 아득한 어둠 한구석 낙타 한 마리 밤새 길을 헤맨다. 파란 하늘과 빨간 땅 사이 바람이 멎고 죽은 나무 그림자 거꾸로 걷는다. 낙타의 등에서 떨어진 길 지난해 복권 숫자가 달아난다. 문지방에 묶여 순서 잃은 말들, 그림 속 붉은 해가 발끝을 되돌려 세운다. 커튼이 어둠을 걷어내고 검은 구석이 얼굴을 내민다. 낙타가 사라진 순간, 알람이 방 안을 뒹군다. 불안이 몸을 세울 때 오줌통이 비명을 지르듯 하루가 일어선다.

안개 속의 말들

새벽을 깔고 어둠을 덮었다
그림자 빛 더듬는 사잇길 잃은 안개에
무너진 허공

의미 잃은 말들이 몰려와 손 벌려 잡을 때
머리만 남기고 몸통은 미끄러진다

안개 속 말 끌어안으면 남는 것은 흐릿한 웃음들
조롱도, 위안도 아닌 그늘뿐
얼굴 가린 소리가 안팎을 채우고

안개로 창문을 닦으면 어둠이 묻어 번지고
건너편 얼굴이 낯선 별빛으로 흘러내려

유리는 기억처럼 흐려진다
북적이던 말들의 잔해
지우개 가루처럼 흩어진다

여섯 달

먼 길 떠난다
흔들리는 쇠창살, 달리는 감옥
어깨와 어깨가 맞닿아
낯선 피 냄새가 감겨온다

태어난 지 여섯 달
이제 막 푸른 숨을 틔웠건만
공장 같은 우리 속에서
먹는 법만 배우다 살덩이로 불어난 몸
이미 이름을 잃었다

들려오는 종착지는 도살장
우리는 칼끝에 벚꽃처럼 지고
삼겹살, 순대, 탕수육, 국밥, 안주
낯선 이름으로 다시 태어난다

그들의 불평을 삼키고
그들의 소주병을 비워주며

밥상 뒤집는 고함과
창문 깨지는 울음까지 달래준다

먹이 앞에서 서로를 밀치며
악착같이 식욕을 채우던 날들
부풀어 오른 살점은
고작 비릿한 웃음이 되었다

어쩌면 피 한 방울이 노래가 되고
뼈 한 조각이 부딪히는 술잔 속에
웃음으로 흩어질 것이다

거대한 소주병 속에 잠겨
서로의 등을 밀며
베어진 여섯 달을 톱밥처럼 삼켰다

인드라망*

거미는 밤새 삼킨 별빛을 그물로 엮어
매듭마다 맑은 영혼을 달아 놓았다

희생은 햇살 한 줌에 녹아
이슬은 깨어지고

구부러진 허리
삐걱대는 손수레
그 진한 무게를 한 번이라도 나눈 적 있었던가

불길에 무너진 지붕 아래
검게 탄 삶에 함께 통곡해 본 적 있었던가

거미는 제 몸 녹여 우주를 엮었건만
나는 내 몸 하나 온전히 내어준 적 있었던가

거미가 짠 인드라망
아침 햇살에 어둠 걷히고

우주를 덮은 그 망 속
인연들이 잡히고 풀리고 다시 얽힌다

거미줄에 나를 투영해 본다
희끗한 허수아비
인연의 그물 속에 매달려 있다

---

*인드라가 사는 궁전에 쳐져 있는 보석 그물.

남겨진 것들

거울 속에
낯선 얼굴 하나만 남기고 돌아선다

담장 밑 장독대 사이
굳은 촛농 같은 흰머리 드리우고
서랍 속 태우지 못한 엽서에선
푸른 여름이 숨 쉬고

누군가 열고 간 현관문에
바람이 새어든다

석양빛에 부딪는 코스모스
흔들리는 가녀린 허리
뿌리 끝에 시간을 묻는다

끝내 닿지 못한 그날이
저무는 골목 끝에서 기다리고 있다

유혈목이가 있는 오후

갯버들 스친 검은 바람
푸른 유혈목이 창날 같은 눈동자
밤하늘을 닮았으나
별빛은 없다

살기 번지는 물속
피라미 푸른 세포가 돌처럼 굳는다

무늬는 흔들리나 눈은 칠흑이다
독니, 소리 없는 번개로 떨어지고

통증은 꽃잎처럼 퍼져 아득하다

물비늘로 흩어져 가는
아가미에 굳어진 마지막 날숨

포식의 흔적이 산그늘에 지워진다

틈

너는 틈 하나로 기어들었지
검은 점 하나 햇살 밀치며 나타나
방 안의 평온에 금을 긋고

날갯짓, 유리창 두드리고 바닥을 튀는
미세한 전쟁의 북소리
죽음의 공간을 무지한 본능으로 파고들었고

죽일 수 있는 단순한 결정 하나로 끝낼 싸움이
등에 탄 작고 뜨거운 생의 떨림을
차마 외면하지 못했다

미물의 숨결 앞에 굳건함이 흔들렸고
창을 열자 바람이 들 때 조용히 떠나갔다
짧은 만남 미세한 공존의 기억

분명 달랐지만 같은 공간 속 동행자였기에
변기 속 어둠이 아닌

살아 숨 쉬는 빛 속으로 돌려보낸다

틈,

기묘한 소통이었다

후반전

첫 입술 혀끝에 녹던 찔레 향
영혼을 팔게 하던 새큼한 미소

예상치 못한 이별
사금파리에 베인 듯 아리던

풋내기 청춘의 날개는 지워지지 않는
설익은 계절의 노래였지

보리밥 도시락에 고추장 범벅이 된
멸치 같은 날 굴곡 지는 먼 길 돌아

날숨 들숨 잦아들며 까맣게 지워져
기억마저 봉인된 우물 속

망각 저편에서
오랜 침묵이 맥박처럼 숨어 꼼지락거리다가

긴 하루 어두운 모퉁이 길 비틀릴 즈음
잊었던 별빛으로 날 따라와 어깨 두들기며

"나 여기 있어!"
"언제나 네 옆에 있었어!"

하직(下直)

나는 어제 죽었다, 묶인 다리는 자랑이 아니었어, 발을 단단히 땅에 박았으나 녹슨 관절은 노을의 칼날을 견디지 못하고, 네 다리를 가졌지만 한 발짝도 내디딜 수가 없었어, 대신 눈과 귀를 많이 가지게 되었지, 바람은 낡은 편지를 실어 나르고 강물은 색의 소리를 담아 보내지, 참새가 날아와 어젯밤 별빛이 남기고 간 서릿발 몇 잎 쪼다가 이야기 서너 알 떨구고 갔어, 늦은 밤, 손이 빈 남자가 등에 무거운 하루를 기대고 앉았다 가기도 하지, 비우지 못한 소주병과 숨이 식어버린 종이컵을 두고서 온기는 없고 지친 흔적만 희미하게 남긴 채 어디로 갔겠지, 허기진 취기를 눕힐 지붕도이라도 있을까, 두꺼운 배를 안고 온 협착증이 욕설을 흘리며 지나가기도 하지, 흰머리 끌며 온 관절염이 잠시 통증을 놓고 가기도 하고, 아무도 오지 않는 밤에는 졸기도 해, 푸른 가지를 하늘로 뻗었던 환영들이 스치고 지나갔지, 전생인지도 모를 비바람을 견디지 못한 다리가 푸석하게 주저앉던 날. 집게손이 나를 들어 올려 적재함에 싣고 꼭 한번 간절하게 바랐던 강변을 달렸어, 마지막이었지, 그리고는 죽었지, 전생의 나이테를 찾아서,

제3부

우리가 젖던 시간

기적소리보다 뜨거웠지만
우린 모든 게 서툴렀다

입맞춤보다 긴 망설임 속에 조용히 젖어가던
너의 눈동자

낯선 방 창틈으로 축음기 소리 흘러나올 때
돌아선 너의 머리 위로 쏟아지던 비를 붙잡지 못하고
주머니 속 젖은 쪽지만 만지작거렸다

우산을 쓰는 일은 마주치는 어깨가 멀어져가는
뱃고동이 된다는 걸 그땐 몰랐다
골목 끝 처마 밑으로 웃음이 빗물에 젖고

돌아서면 비에 씻겨 사라지는 길
발이 젖고 마음이 젖고 골목 어딘가도
서럽게 젖고 있었다

가늠자 속 눈빛

덤불 속 불안에 떠는 새 한 마리
가늠쇠 위로 올렸을 뿐인데
심장은 무너지고 있었어

의식보다 빠르게 방아쇠를 당겼지만
소리는 없었어
수직으로 꺾이는 순간
눈빛이 마주쳤지

뜨거운 전류가 온몸으로 밀려와
뿌리째 뽑힌 나무처럼 굳었고
조용히 감기던 작은 눈은
생을 마감하는 어둠의 장막이었어

숨이란 게
그렇게까지 조용할 수 있다는 걸
처음 알았어
속죄의 거울은 깨져 다시는 비추지 않았어

귓가에 이는 얇은 바람 소리

내 안의 울음이었어

방문 닫아걸고

나의 상처 씻어내듯
강변 버드나무 머리 풀어 적실 때
당신은 잊었을까
빗줄기 속에 가슴 한 조각 헹궈냅니다

당신도 추억할지 모르는
빗물 젖은 길목에 눈길 흘깃 보내봅니다
아닌 줄 알면서도

가로등 눈뜰 무렵
머릿속은 아니라고 고개 젓는데
혹시나 하고 뒤돌아봅니다

빗물도 마르고 바람도 어쩔 수 없는 밤
방문 닫아걸고
어린 눈길 문고리에 걸어두는
버릇이 생겼습니다

혈점(血點)

붉은 꽃 해마다 다시 피는 건
그 자리에 두고 간 무엇인가 있기 때문

외로움은 해 지기 전
하루만 견디면 되는 줄 알았지만
가로등 불빛에 방황하는 날벌레의 밤은
길다

어깨 위에 흘러내리는
일용할 양식과 맞바꾼 세월

갈바람에 밀려오는 너의 그림자 속으로
한 방울
혈점(血點)으로 남았다

달의 방정식

잠든 밤이 하얗게 누워
개 짖는 소리 지워진 아득한 설원의 끝
마지막 불빛마저 꺼져 투명한 무음의 공간

두 점으로 서서 차가운 달빛 아래
날 밝기 전 떠난다는 너의 눈빛에 젖어
왜냐고 묻지 않았다

서로를 읽으려고 굳어버린 시간을 붙잡고
풀리지 않는 다른 방정식으로 마주 선
출구 없는 빙벽 앞

두 다리는 허공을 헛디디고
비틀대는 내 몸을 따라 흔들리는 달빛 물결
손을 뻗어 잡아 보았지만
그늘만 손가락 사이에 빠져나갔다

눈 쌓인 벌판은 빛났지만

길은 보이지 않았고

먼동이 오기 전
끝맺지 못한 이별은 안개 속에서 길을 잃었다
너는 별빛으로 부서지고
나는 부신 달빛에 눈을 감는다

두 달의 단풍

두 달 타오르다 스러진 단풍이
누군가에게는 한 생의 상처로 남아
떨쳐낼 수 없는 아픔이 되었나요

한 번의 불꽃이 화석처럼 굳어 평생을 지워도
떨쳐낼 수 없는 불씨가 남아 사계절을 태우고
해마다 그리움을 불러냅니다

첫 서리 내린 산길
이름은 낙엽으로 쌓이고
바람에 흩날리며 잊으라 속삭이지만
끝내 외면하지 못합니다

붉음이 다 사라져도
내 안의 단풍은 시들지 못한 채
모진 인연으로 남았습니다

눈길

백지 위에 새겨진 하나뿐인 궤적
마음의 풍경이었네

심장 혈관처럼 곧게 뻗어간 길 끝에서
그대의 온기를
맹목의 순례자처럼 따라 걸었네

햇살이 녹아내리자
발자국은 비에 젖은 수채화처럼 흘러내렸고
사랑의 여운만
계절의 한 페이지인 양
낡은 질문으로 남았네

다시 하얀 눈이 내리고
겨울의 초상화가 시간의 지도였음을
이제야 깨달았네

갈대

하얀 손 흔들어 보내는 건
언제나 이별이더라
땅속 물줄기 깊이 들이켜
한 번쯤 꽃으로 피고 싶었으나
봄에도 여름에도
푸른 희망조차 맺지 못했지

칼바람에 직립의 꿈은 꺾이고
초록의 한가운데
탈색된 머리칼로 서서
서러운 노래 하나 붙잡지 못했지

한 번만이라도 마주 서는 합치점에서
뜨거운 불씨 하나 피우고 싶었지
꿈은 상처만큼만 자라고 만져보지도 못한
사랑은 아픔보다 먼저 와
엇갈린 길로 접어들었지

노을이 지면 바람보다 앞서
작별의 손짓을 익히고 석양이 다하도록
기러기 떼는 날아오지 않는데
너는 홀로 춤만 추고 있었지

초롱 하나 띄우고

붉게 사그라지는 숲 그림자를 바라보며
돌아오지 않은 발자국을 젖은 눈으로 더듬을 때

물속 어딘가 삭은 뼈마디 삐걱인다

바람에 흩날리는 마른 넋의 울음 가라앉는 아득한 숨소리
물안개 어깨 감쌀 때 흔들리던 형체 하나

다가서듯 입 다문다

죽음은 어쩌면 가장 조용한 손님일지도
노크 없이 열린 문, 두고 가는 저편의 손짓

생이란
문을 열기 전 붙잡는 시간인지 모른다

서녘으로 흐르는 망천(忘川)은
슬픔 실은 새를 먼저 보내고

아무도 돌아오지 않는 길을 눕힌다

저문 강 위로 푸른 초롱 하나 띄운다

누이의 강

누이가 건너간 강가에 무명치마 끌며 걷던 발자취 잦아들고 저고리 앞섶 적시던 눈물은 강물로 흘러간다

칼바람에 얼음 결 갈라져 강은 찢어지는 울음을 터뜨리고 누이의 떨던 어깨가 가슴 저미는 상처로 남았다

무엇을 버리고 떠났는가, 가난한 신혼 길에 지운 웃음 야윈 꽃잎을 펴보지 못하고 마른 가슴에 묻었다

어둠 속에서도 별빛은 깨어나고 강물 아래 숨어 있던 누이의 노래가 잔물결 되어 내게로 스며들면

겨울밤 긴 한숨 위에 아침은 올 수 있을까, 산 그림자에 소쩍새 울음소리 짧기만 한데

파랑새

굽은 길 하나 허리보다 낮은 얼굴 붙잡고
빛바랜 강가를 흐른다

한 번도 날아보지 못한 수의 같은 삼베 적삼
바람에 달고
학의 날갯짓으로 강물 위를 펄럭이던 어머니

하늘 오르지 못한 느린 관절 세 박자 리듬
지워진 발자국만 남긴 채
이 길이 그 길인지 물으셨다

진밭골 외지고 무서워 차마 갈 수 없다더니
봄날 여기 누워 산벚꽃 곱게 피워 내셨네

강물 위를 하늘인 양
파랑새 되어 날아올랐네

코고무신

노을빛 삼킨
감나무 잎새마다
붉은 시간 부질없이
매달리는 해거름

꽃무늬 코고무신
마당 돈 지 오래인가 싶은데
눈길 삽짝에 걸어두고
두근대는 가슴은
나절보다 길다

울타리 넘어 동구 밖은
기척이 없고
문암산 굽은 고갯길엔
구름만 높다

기러기 울음
산그늘로 숨어드는 어스름

여민 앞섶
파고드는 조급증

후두둑,
가을 한 잎 떨어져 구를 때
담 넘어온 바람
옷고름 흔들어 놓는

신암동 1186번지

세모로 비틀린 쪽방 벽면 광창 아래
주인집 셋째아들 신혼방과 나누어 쓰던 형광등
불빛이 목말랐다

증기기관차는 밤마다 벼락같은 비명을 질러대고
열일곱 질긴 잠은 천장으로 튕겨 올라
가위눌린 영혼은 땀에 절어
이불 속으로 삼켜졌다

구멍 난 판잣집을 벗어나던 날 꽃별이 내렸지만
이빨 빠진 그릇과 식어버린 책이 햇살에 젖어가던
이삿짐 호흡 멎은 손수레 바퀴엔
먼지 낀 체념들이 따라붙었다

한쪽이 허옇게 늙어버린 양은 냄비 속
임계점까지 악을 써대던
이빨에 낀 쌀벌레가 달그락거렸다

완벽한 결말을 꿈꾸던 저녁 밥상을 무너뜨린
놈들의 승전보가 허기진 목구멍으로
울음 타고 넘어왔다

한나절 철로 가에 꽃무늬 원피스가 붉은 피로 누웠고
청춘의 진혼곡이 기적 따라 흩어졌다

하늘처럼 바람처럼

이 세상 다 하는 날 싸락눈 날리는 저녁이면 더욱 좋고, 억새 머리 흔드는 언덕 바람 속에서 세상 하직 길이면 도솔천보다 낫지 않겠는가. 껍질 같은 옷 벗어버리고 이름마저 지워내면 부끄럼 없는 알몸 위로 투명한 바람만이 감겨오겠지. 미움과 욕망에 뒤엉키던 가슴도, 밤 짐승의 뜯김으로 찬바람 스며들어 트인 하늘처럼 가벼워지겠지. 날짐승 하나 달려들어 내 눈알 물고 날아오르면 곁눈질로 보던 이 세상, 산이고 강이고 시원하게 내려다보겠지. 뜯기고 삭은 남은 뼛조각 흩어져 눈 내려 덮어주면 그 또한 단꿈 아니겠는가. 가져갈 것 없는 여정 거추장스러운 몸뚱이 훨훨 벗어던지면 하늘처럼 바람처럼 날아가겠지. 이생 마치는 날 바람 부는 언덕에 눕혀다오.

제4부

구멍 난 女子

걸어온 길 깊고 어두워 말을 지워버린 女子, 가늘고 질긴 아픔이 시작된 곳이 청량산이라 했던 女子, 안개 자락을 안은 女子, 첫사랑 사내 집으로 인사 갔던 날, 밤비 속에 쫓겨난 맨발의 열아홉 女子, 눈물 켜 들고 돌아온 시오리 길, 아픔을 도려내자고 낯선 남자에게 주저 없이 시집간 女子, 뒤풀이 끝나자마자 뜬금없이 날아든 주먹, 구둣발에 짓이겨져 두 팔로 허공을 휘어잡고 쓰러진 女子, 귓속에 갇힌 비명처럼 정신줄 놓았다가 핏물 속에서 눈을 뜬 女子, 출근했던 사내가 죽었다는 연락을 받았을 때 안도의 한숨을 내쉰 女子, 삶에 늗기고 시쳐 겹겹이 쌓아 올린 침묵에 잠들었던 女子, 여남동 앞바다 돌밭에 앉아 구멍 숭숭 난 돌멩이 하나 쥐고 펑펑 울었다는 女子, "니가 나구나", 그제야 말문이 터진 女子, 女子는 수평선에 젖고 노을은 女子에 젖고,

똥꽃 1

무덤을 여는 중이다

하얀 얼굴로 피었다가
검은 입술 내민 채 나비를 보내고
죽은 향기로 파리를 유혹하는

햇빛도 등을 돌리고
바람도 숨을 참는 자리
나를 삭히는 중이다

썩는다는 건
다시 일어설 자리를 준비하는 일
천길 어둠 속 숨을 시작한 씨앗 하나
봄날의 온기 한 점 끌어안고
잠 속에 익어가는 나

비린내 안고
떨어진 꽃잎의 내장 속으로

죽어가는 반생
다시 꽃 피울 씨앗을 꿈꾸는

나는 지금
태어나지 않은 누군가의 뿌리가 된다
꽃은 피지 않아도, 똥은
거름이 된다

똥, 환생의 두 번째 이름이다

똥꽃 2

떨어져 누웠다고
쓰레기라 부르지 마라
나는 한때 생이 다할 때까지 빛나던
순백이었다

썩는 물에 검어진 내 꽃잎을
똥꽃이라 욕하지 마라
허투루 핀 적 없다
겨울을 품은 내결(內決)은 깊은 밤을 지켜낸
차가운 결심이다

지는 건 더러움이 아니다
죽음이 아니라 다시 돌아올 쉼이다
흙으로 스며드는
살아 있는 여정이다

시작은 언제나 눈처럼 순한 빛
돌아가는 꽃잎은 지저분하지만

외면하지 마라
태어난 곳으로 돌아가려는
변태의 과정이니

똥꽃 3

길모퉁이 썩은 냄새 널린 쓰레기더미에
늘어져 누었지

비껴간 시선들이 남긴 묵은 비웃음 위로
하루 몇 번씩 발길이 지나가고

개 한 마리 축축한 혀로 시든 살을 훑고
노인의 지팡이는 쿡쿡 찔러보기도 하지

그때 눈치챘어 내가 꽃이 아니라는 걸
나를 두고 간 당신이 말했잖아

당신 눈엔 슬픔이 담겨 있다고
비우고 나면 투명한 눈물이 쏟아질 거라고

나 이제 다 비워 꽃이 되려 하는데

소복(素服)

붉은 얼굴에
찬 이슬 맺힌 복숭아나무 한 그루

앳된 새댁처럼 복사꽃 피었네

얇은 바람에도 아픈 꽃잎
새벽 한숨 지우며 솜털 같은 사랑 피기도 전에
먼 길 떠난 신랑 향한 하얀 기도

낮은 슬픔 이겨낼 수 있을까

혹독한 이 봄 건너
새 날 찾아 나설 수 있을까

붉은 입술에 찬바람 일지 않길
돌아서는 발끝 이슬마저 무겁다

노트 위의 변비

달의 실눈 밑으로 꿈결의 개미 한 마리 불러들여
빈 페이지에 뱉어내지 못한 고난의 무게를
작은 등에 얹어 놓고

처진 시간의 주름 따라 비틀거리는 단어들
불빛 속에 감겨들며 잠의 그림자가 걸어오는데
개미 한 마리 난해한 문장 안으로
잉크 줄 따라 기어가고

허리 꺾인 낱말들이 길을 잃고
알람에 놀란 새벽
진땀 배인 등을 화들짝 떼어낼 때

밤을 지우지 못한 커튼 사이 늘어진 자동차 미등이
길이를 이기지 못하고
덜 깬 눈으로 뿌연 머릿속을 더듬을 때
먹물처럼 굳어진 개미의 기억
제자리를 잃은 글자들

먼지처럼 흩어지고 토해내지 못한 시어들
머릿속 숨 막히는 변비를 앓고
밑줄 친 텅 빈 사막 위 개미 한 마리
연필을 베고 누워버렸다

녹슨 시계

낡은 벽걸이 시곗바늘이 멈춘 점 위에서
낯선 침묵만 흘려보낸다 시계는 녹슬어 소리를 잃고
나는 듣는 법을 잃었다

시계 속에는 초침이 기록해 놓은 소리가
물집처럼 고여 있다가 하루의 숨결을 쪼개며
틈새마다 기어 나온다

밥 냄새, 굴뚝 연기 따라 일렁이고
된장국 소리, 어머니 치맛자락에 걸린
처마의 낙수 소리 가볍다

아버지 밭은기침 소리
아이들 발자국에 묻어 사라지고 누나의 동요
한낮 툇마루에 맴돌다 흩어진다

담 넘어온 다듬이 소리,
새벽안개 속 연꽃 터지는 소리—

녹슨 부스러기 속에 숨었다가 닫힌 귀를 찾아온다

관절이 슬어 눈금도 숫자도 흐릿한데
시계 속 소리만은 다시 돋아나
멈춘 시계가 아니라 내가 멈춘 것을

눈 감고 귀 닫으면 시계가 다시 뛴다
잃었던 소리들이 깃발처럼
펄럭이며 뛰쳐나온다

귀가 막히다

오래전 귀를 닫고 세상의 말들이 유리벽 넘어 멀어지자 소리의 바다에 잠겨 버렸다

밤마다 울던 소쩍새 울음은 낡은 가지 끝 마른 잎새의 온기로 전해온다 달빛 젖은 가랑잎 소리는 옛집의 뜰을 거닐던 발자국으로 철 지난 백사장에 흔적을 남긴다

한겨울 얼음의 신음은 깊은 골짜기에서 메아리치며 그믐밤의 발걸음을 붙잡는다 어머니 물레에 감기던 넋두리는 실타래처럼 긴 한숨을 감아올리고 잃어버린 이름을 부르던 노래가 샘물처럼 새어 나왔다

누이의 책장이 흘리던 얇은 떨림은 페이지 사이 찰나의 숨결로 남아 가슴에 고이 접힌 편지가 되었다 초저녁 종소리와 한밤의 야경꾼 외침은 먼 항구의 불빛이 되어 저물어가는 수평선 너머로 사라졌다

잊었다고 믿었던 소리들이 내 동굴에서 강물처럼 차오를 때

목소리는 안개처럼 희미해졌다 아득한 소리의 잔상 속에서 마음의 소리는 더욱 또렷해졌다

같은 문장 다른 해석

네가 "괜찮아"라고 말할 때 그 말이 이해의 끝에서 건져 올린 구원인 줄 알았다.

말보다 차가운 진실이 그 뒤에 숨어 있었는데도 지친 표정 하나 읽지 못했다. 우리는 같은 문장을 주고받았으나 내 말이 완벽하다 믿었고, 네 귀가 순응하길 바랐지만 다른 해석을 고집했다. 다름은 천천히 균열이 되었고, 믿는다는 건 깨진 거울의 다른 쪽을 붙잡고 손끝으로 차가운 공기를 확인하는 일이었다. "정말이야"에는 진실이 비어 있었고, "비밀이야"는 잘 닦인 유리창이었다. "우리 둘만 알자"는 막힘없는 광장이 되었다. 바람은 언제나 정지신호 위를 지나가고 있었다. "말해 봐" 그 말이 오히려 침묵을 만들었고, "알겠느냐"는 질문은 거부의 벽만 두껍게 쌓았다. 그제야 알았다. 말보다 침묵이 더 많은 것을 적어둔다는 사실을.

가끔 너의 "괜찮아"를 떠올린다. 그 속에서 아무도 몰랐던 계절 하나가 무너지고 있었다는 것을 늦게 알았다.

늙은 전화기

수화기 들면 먼지 같은 안부가 흘러나온다. “잘 있나” 말보단 한숨 같고, “건강하지” 돌려주는 말엔 바람만 인다. 몸은 이미 병원의 안내지도가 되었고, “뭐 하고 지내나” 물음에는 흐릿한 침묵만 감돈다. “그냥 그냥, 그렇지 뭐” 귀를 떠도는 말의 속은 비었다. 지우면 더욱 쓸쓸한 멈춰버린 시계 속 머쓱한 대화, “다음에 또” 기약 없는 약속을 남기고 전화는 끊어진다. 고맙단 말은 헛돌고, 가슴속 빈자리는 더 깊어지고,

갓길의 신발

끝내 멈추지 못한 발끝 한 짝이
포장마차 간판처럼 기울어 숨죽인다

모래먼지 사이 마지막 한 걸음
검붉은 자국이 말라붙었다

비에 젖어 지워진 이름 식어버린 눈빛들
머물지 않고 고개 돌린다

도로 끝, 진흙 바닥
기울어진 표지판 아래 하얀 들국화 다발
봉지에 식은 국물, 젓가락 두 개

누군가 기억하려다 지우려다 다시 적어둔
이름 석 자

그 이름 끝에서 발끝을 모은다
한 짝을 버리고 떠난 그가 남긴 건

아픈 절반이 아니라 물음표였다

왜 갓길이었을까

남겨진 발끝 하나 일어나
비틀비틀 걷는다

달의 춤

외딴집 흙먼지 이는 마당 맨몸의 여자
입술 굳게 다문 채
터지지 않는 울음 토하고 있다

숨결 파도처럼 끓어올라
앙상한 팔로 허공을 움켜잡은
신들린 몸의 절규

야수의 그림자 셋,
광기의 죽창에 사내의 숨통이 끊어지고
목젖에 걸린 비명이
달빛 삼킬 때

그 달빛, 남매의 눈물을 품은 채
옹이 박힌 가슴으로 살아낸 세월,
찬밥 삼키고 술 한 모금에 광란의 춤으로 살아나
우는 몸이 살풀이하는 밤들

붉은 능소화 한 송이 바람에 매달아 놓고
지탱하는 슬픔이
반나절 해를 달구고 섰다

버려진 신발

비 오는 외곽도로
두려움마저 감도는 갓길

모로 쓰러진 신발 한 짝
풀린 끈 너머 빠끔히 뜬 눈구멍이
낯선 세상 두리번거린다

담았던 체온은 싸늘히 식어버리고
풀어헤친 가슴에
질주하는 불빛이 따갑다

풀잎처럼 떨고 있는 움츠린 잔등 위로
무심한 바람만 스쳐 간다

사고였을까 버려진 걸까
납치된 발끝의 몸부림이었을까

비 오는 골목길 흙탕물 속

눈빛 마주하며 걷고 있던 다른 한 짝은 지금
어느 세상 떠돌고 있을까

오지 않을 편지

비 오는 날 가을 벤치에 앉아 묵은 편지 한 장쯤 기다리고 싶다. 이름 지워진 안부도 바람의 작은 말소리도, 길 잃은 소식 한 조각 비에 젖은 손으로 전해오면 좋겠다. "괜찮다, 정말 괜찮다", 노랗게 바랜 겉봉 넘어 아득한 옛날, 그 소녀 이름이길 바라는 허망한 기대라도 좋겠다. "편지니까" 오지도 않을 편지에 답장을 쓰겠지만, 받는 이 없는 누군가에게 주소 없는 겉봉을 적어 보낸다. 그 편지 가는 길, 비에 젖으면 내 서러운 말들이 잿빛으로 번져 빗소리로 읊어지겠지. 그러면 나는 또 오지도 않을 빛바랜 편지 한 장을 빗물 흐르는 창가에서 하염없이 기다렸으면 좋겠다.

해설

열리지 않는 거울, 열고 싶은 그림자

이위발(시인)

1. 모든 것은 사라짐에서 시작된다

시인들은 생각을 할 때 오늘, 과거, 미래를 구분해서 하지 않는다. 머릿속에서 서로 섞여 나타나는 생각을 자연스럽게 표현하는 것이 시다. 비현실적인 순간이나 꿈같은 순간이 시적인 순간이라고 말하기도 한다. 이 세계와 다른 세계를 이어주는 다리가 시다.

이 모든 것의 출발은 사라짐이다. 다리의 역할도 사라짐에서 시작된다. 사라질 것을, 사라져가는 것을, 사라져버린 것을 노래하는 것이 바로 시인이다. 사라지지 않는 것, 사라질 줄 모르는 것 또한 사라짐이다. 모든 예술은 사라짐에서 나타난다. 그 사라짐이 두렵고, 서러워서 노래 부르고, 그림도 그리고, 술도 마시고, 연애도 하고, 울기도 한다.

김무현 시인의 시집 『달의 방정식』을 곰곰 읽어보면 과거의 아픔과 미래에 대한 불안감들이 사라짐에서 시작된다는 것을 알 수 있다. 사라짐은 그림자로 복제되거나 환생이 되어 나타나기도 한다. "남은 반쪽은 그림자를 닮겠지"(「풍화의 틈」)나 "나는 여기 있다 검은 그림자 위/풀잎인가, 아물지 못한 상처인가"(「발끝 그림자」)처럼 그림자는 현재의 내 모습이기도 하고, 과거의 그리움이기도 하고, 미래에 대한 두려움이기도 하다.

그는 「초롱 하나 띄우고」에서 "붉게 사그라지는 숲 그림자를 바라보며/돌아오지 않은 발자국을 젖은 눈으로 더듬을 때//물속 어딘가 삭은 뼈마디 삐걱인다"고 했다. "죽음은 어쩌면 가장 조용한 손님일지도/노크 없이 열린 문, 두고 가는 저편의 손짓//생이란/문을 열기 전 붙잡는 시간인지 모른다"고 소회를 밝힌 것처럼 시인이 할 수 있는 것은 "저문 강 위로 푸른 초롱 하나 띄"우는 것이다.

지금과 과거가 교차하고 다시 현실 앞에 서면 죽음과 생은 한 끗 차이일 수도 있다. 생은 길고 죽음은 한순간이라고 한다. 하지만 우리는 생이 순간이고 죽음이 무한대인 것을 잊고 산다. 삶과 죽음은 손잡고 있지만 찰나에 손을 놓는다. 나이 들수록 죽음에 집착하는 것처럼 보이지만 죽음을 통해 삶을 통찰하고 사유하려는 의지가 강해질 때도 많다. 「초롱 하나 띄우고」에서 화자가 할 수 있는 것이라곤 저문 강 위에 초롱 하나 띄우는 것밖에는 없다. 언제 꺼질지 모르는 연약한 초롱이지만 그것은 빛이다. 빛은 삶이면서 현실이다. 힘없고 볼품없지만 미래의 끈이기도 하다.

나는 뿌리의 맥박에 기대어
조용히 숨 쉬는 고요한 심장
연분홍 웃음도 핏빛 울음도
저무는 날의 외로움도
너희 눈이 만든 허상일 뿐

나는 아파한 적 없고
슬픔에 젖은 적 없으니
바람의 길에 눕고 일어서며
비가 오면 비에 젖고
햇살에 내 빛을 드러낼 뿐

달빛에 밤의 티끌을 씻고
이슬로 얼굴 닦으며
고요한 운명처럼
씨앗을 틔우고 꽃대를 세운다

한 계절 머무는 삶의 숨결인데
울지도, 웃지도, 노래도, 절규도 못 하는
흙과 하늘 사이
찰나의 빛으로 지고 피고
다시 태어날 뿐

호들갑 떨지 마라
눈물과 환희에 불러들이지 마라
너희들의 거울이 아니다
내 몫의 생을 다하는
하나의 꽃이다

—「꽃의 항변」 전문

이 땅의 모든 생명력은 원시적 본능이자 인간의 본능이기도 하다. 이성에 의해 의식이 상처받을 때 그 의식에 힘을 불어넣어 주는 것이 무의식이다. 삶에 있어 옳고 그름의 윤리적 범주 이전에 가치를 띠는 것도 무의식적 본능이다. 무의식은 늘 우리와 함께하는 그림자다. 인용 시 「꽃의 항변」은 꽃을 비유적으로 사용해 삶의 의미가 무엇인지 그 질문을 던지고 있다. 대상을 보는 그대로 판단하지 마라. 바라보는 시선에 매몰되지 마라. 그게 전부가 아니다. 그것은 그대의 거울이 될 수 있고 그림자가 될 수도 있다. 그래서 "호들갑 떨지 마라/눈물과 환희에 불러들이지 마라/너희들의 거울이 아니다/내 몫의 생을 다하는/하나의 꽃이다”

2. 이별할 땐 왜냐고 묻지 않는다

잠든 밤이 하얗게 누워
개 짖는 소리 지워진 아득한 설원의 끝
마지막 불빛마저 꺼져 투명한 무음의 공간

두 점으로 서서 차가운 달빛 아래
날 밝기 전 떠난다는 너의 눈빛에 젖어
왜냐고 묻지 않았다

서로를 읽으려고 굳어버린 시간을 붙잡고
풀리지 않는 다른 방정식으로 마주 선
출구 없는 빙벽 앞

두 다리는 허공을 헛디디고
비틀대는 내 몸을 따라 흔들리는 달빛 물결
손을 뻗어 잡아 보았지만
그늘만 손가락 사이에 빠져나갔다

눈 쌓인 벌판은 빛났지만
길은 보이지 않았고

먼동이 오기 전
끝맺지 못한 이별은 안개 속에서 길을 잃었다
너는 별빛으로 부서지고
나는 부신 달빛에 눈을 감는다

—「달의 방정식」 전문

시집 표제작인 「달의 방정식」은 한 개 이상 존재하는 등식에 미지수의 값을 정하면 '참'이 되기도 하고, '거짓'이 되기도 하는 것이 방정식이다. 이 미지수를 구하는 것을 가리켜 '방정식 푼다'고 한다. 그렇다면 달은 어떻게 방정식을 풀까? 달이 아닌 달빛 아래 "날 밝기 전 떠난다는 너의 눈빛에 젖어/왜냐고 묻지 않았다"에서 이별을 예감한 화자는 참과 거짓을 논하기는 이미 늦었다.

엠지(MZ) 세대에선 통보이별, 잠수이별, 환승이별이란 용어가 쓰이고 있다. 통보는 헤어지자는 연락을 하는 것이고, 잠수는 연락 없이 사라지는 것이고, 환승은 헤어지자마자 다른 사람을 만나는 것이라고 한다. 세대 간 이별하는 방법의 차이는 있겠지만 분명한 것은 아픔이 동반한다는 것이다. 그 아픔과 고통은 인간이 존재하는 한 만고불변이다.

이 시에서의 이별은 "먼동이 오기 전/끝맺지 못한 이별은 안개 속에서 길을 잃었다/너는 별빛으로 부서지고/나는 부신 달빛에 눈을 감는다"로 묘사되고 있다. 이런 헤어짐은 현실성은 떨어지겠지만 방정식으로 푼다면 쉽게 풀릴 수도 있다. "눈 쌓인 벌판은 빛났지만/길은 보이지 않"는 그 길에서 이별 또한 안개 속에서 길을 잃었다. 이것은 참이다. 나도 이런 이별은 해보고 싶다는 생각이 든다.

3. 멀수록 덜 아프지만 달은 오지 않는다

소멸은 새로운 탄생을 의미하기도 한다. 하지만 소멸은 그리움으로 다가오기도 한다. 기억 또한 상처나 아픔으로 찾아왔다가 그리움으로 변한다. 그리움은 지나온 삶의 흔적이다. 그 흔적이 없었다면 기억은 사라지고, 그리움도 다가오지 않을 것이다. 그래서 멀수록 아픈 그리움이다.

시 「멀수록 덜 아프다」를 읽다 보면 나도 모르는 사이 물비늘 속으로 젖어 들게 된다. 마음이 축축해진다. 그곳에 들어서면 슬픔마저 숨 쉬지 않는다. 나무들마저 고요하다. 비틀린 그림자 하나쯤 숨 쉬고 있을 것이란 기대는 접었다. 그리움에 빠져나오지 못하는 석양마저 돌아선다. 묻지도 않는다. 머물러야 석양이 품어 줄 수 있다는 것을 구름만 알고 있다.

자작나무의 저녁 속으로 들어선다
꽃은 색을 닫고 저녁의 무게가 땅에 눕는다

그리움은 멀수록 덜 아프지만 그곳엔
슬픔마저 숨 쉬지 않아 나무들은 고요하게 서 있다

저 곧은 줄기 속에도 비틀린 그림자
하나쯤은 숨 쉬고 있겠지

강 위에 기억 한 벌씩 벗어 놓고 사람들 안개처럼 걷는다
발자국을 지우며 흘러가도 석양은 묻지 않는다

왜 주저앉았는지 어디까지 흘러왔는지
붉은빛으로 등을 가만히 쓸어줄 뿐

머물러야 석양을 입을 수 있다는 것을 구름은 알고 있다
물비늘 속에 젖어가는 하루해처럼

—「멀수록 덜 아프다」 전문

나이가 들면 사람들은 통증과 함께 살아가야 한다. 통증은

고통이기도 하지만 살아 있다는 증거이기도 하다. 등 굽은 이름들이 호명되어 침묵 속에 묻힌다. 그리곤 "굽는다는 것은/굴복이 아니다"고 한다. 굴복은 인생이고 과거다. 흔적이다. 척추가 뱉는 신음은 마음속에 쌓여 있는 고통을 조용히 읽어내는 일이다. 예외는 없다. 누구나 겪고 가야 할 허무의 길이다. 화자는 멀어서 다행인 달에게 고마움을 표하기도 한다. 시적 효과는 가까이 있었다면 기댈 수 있는 위안이 되겠지만, 무너질 수도 있음을 안타까워한다. 시인은 무릎을 꺾은 채 다시 돌아온 자리에 앉아서 자신을 달랜다. "산다는 건 발목의 깊이가/길어지는 것이 아니다" 살아간다는 것은 깊이가 아니라 길어진다는 것, 역설적이지만 끚히게 된다.

굽는다는 것은
굴복이 아니다

허리 낮춰 귀를 숙이고
고단한 척추가 뱉는 신음을
안에 쌓인 오래된 걸음들을
조용히 읽어내는 일

닿을 수 없는 달은 내려오지 않는다
오히려 기댈 수 있었던 아득한 위안

쉽고 가까웠다면 이미 무너졌을지도

무릎이 꺾여 다시 돌아온 자리에 앉는다

산다는 건 발목의 깊이가
길어지는 것이 아니다

—「발목의 길이」 부분

4. 고통 속의 언어는 거짓이 될 수 없다

시는 고통스럽고 슬픈 것이다. 시는 절박함이다. 맞서거나 껴안는 것이다. 삶이 고통스러우니 시가 아픈 것은 당연하다. 하지만 고통스럽지 않게 쓰려고 발버둥 친다. 그 이유는 입체감을 만들기 위해서다. 대상의 입체감은 그림자가 만든다. 그림자는 시선을 모방하거나 과장하기도 한다. 다른 대상을 불러들여 은근슬쩍 감추면서 아닌 척하기도 한다. 그렇게 함으로써 하고자 하는 의도와 말하고 있는 언어 사이의 거리가 시의 긴장감을 만든다.

달의 실눈 밑으로 꿈결의 개미 한 마리 불러들여
빈 페이지에 뱉어내지 못한 고난의 무게를

작은 등에 얹어 놓고

처진 시간의 주름 따라 비틀거리는 단어들
불빛 속에 감겨들며 잠의 그림자가 걸어오는데
개미 한 마리 난해한 문장 안으로
잉크 줄 따라 기어가고

허리 꺾인 낱말들이 길을 잃고
알람에 놀란 새벽
진땀 배인 등을 화들짝 떼어낼 때

밤을 지우지 못한 커튼 사이 늘어진 자동차 미등이
길이를 이기지 못하고
덜 깬 눈으로 뿌연 머릿속을 더듬을 때
먹물처럼 굳어진 개미의 기억
제자리를 잃은 글자들

먼지처럼 흩어지고 토해내지 못한 시어들
머릿속 숨 막히는 변비를 앓고
밑줄 친 텅 빈 사막 위 개미 한 마리
연필을 베고 누워버렸다

—「노트 위의 변비」 전문

시를 불러오는 두 개의 문이 있다면 「노트 위의 변비」는 아픔과 고통이다. 이 시에서 화자는 딴짓을 부리듯 하고 있다. 노트 위에 개미 한 마리를 불러들여 놀이하듯 한다. 그 놀이를 보면 노는 게 아니라 개미는 "고난의 무게를/작은 등에 얹어 놓고" 행군을 하는 듯하다. "난해한 문장 안으로/잉크 줄 따라 기어가"며 먹물처럼 굳어진 개미는 "텅 빈 사막 위"에 "연필을 베고 누워버"린다. 인용 시에서 김무현 시인이 독자에게 전달하고자 하는 의도는 개미를 통한 아이러니다. 종이 위에 써 내려간 글자처럼 기어가는 개미는 시어와 함께 동일시된다. 시원하게 시어를 배설하지 못하고 변비에 걸린 듯 끙끙 앓고 있는 시인의 고통과 아픔이 개미의 일생과 닮았다.

5. 시가 뜨거워지는 것은 고백이다

관심과 사랑의 시작은 상실과 함께 존재한다. 사랑은 상처와 아픔의 역사다. 아픈 줄 알면서도 우리는 사랑하며 산다. 실존의 물음은 자신을 향한 성찰과 타인에 대한 배려, 관계성을 인정하는 것이다. 하지만 사랑의 척도가 아름답고 착한 것만은 아니다. 아프게 하거나 상처를 주기도 한다.

네가 "괜찮아"라고 말할 때 그 말이 이해의 끝에서 건져 올린 구원인 줄 알았다.

말보다 차가운 진실이 그 뒤에 숨어 있었는데도 지친 표정 하나 읽지 못했다. 우리는 같은 문장을 주고받았으나 내 말이 완벽하다 믿었고, 네 귀가 순응하길 바랐지만 다른 해석을 고집했다. 다름은 천천히 균열이 되었고, 믿는다는 건 깨진 거울의 다른 쪽을 붙잡고 손끝으로 차가운 공기를 확인하는 일이었다. "정말이야"에는 진실이 비어 있었고, "비밀이야"는 잘 닦인 유리창이었다. "우리 둘만 알자"는 막힘 없는 광장이 되었다. 바람은 언제나 정지신호 위를 지나가고 있었다. "말해 봐" 그 말이 오히려 침묵을 만들었고, "알겠느냐"는 질문은 거부의 벽만 두껍게 쌓았다. 그제야 알았다. 말보다 침묵이 더 많은 것을 적어둔다는 사실을.

가끔 너의 "괜찮아"를 떠올린다. 그 속에서 아무도 몰랐던 계절 하나가 무너지고 있었다는 것을 늦게 알았다.

—「같은 문장 다른 해석」 전문

시인은 말한다. "괜찮아"라고. 그것이 구원인 줄 알았지만 차가운 진실이 있었는데도 알아채지 못했다. "괜찮아"라는 물음은 진정성이 내포된 관심과 사랑이다. "정말이야"는 진실성이 없고, 역설적인 "비밀이야"는 투명한 유리창이라고 했다. “우리 둘만 알자”가 광장이라면 “말해봐”는 침묵이고, “알겠느냐”의 질문은 벽만 쌓는 것이고, 뒤에야 깨달은 것은 말보다 침묵이 더 많은 것을 적어 둔다는 사실이다.

오랜만에 온 전화를 받으면 많이 듣는 소리가 “잘 지내냐”이다. “괜찮아”와 일맥상통하는 말이다. 하지만 앞은 상태를 잘 모르는 상황에서의 질문이고, 뒤는 상황을 알고 질문하는 것이다. 세월의 두께가 쌓이면서 이런 질문들을 많이 듣고 많이 한다. 그나마 질문을 할 상대라도 있으면 다행이다. 갈수록 줄어들고 시간이 지나면 하고 싶어도 못하는 것이 질문이다. 죽음과 가까워지면 계절 하나가 무너지는 것이 아니라 사계절이 사라진다.

길게 아파하고, 슬퍼하고, 짧게 즐겁고, 기분 좋게, 누군가를, 무엇인가를, 그리워하다 늙어가는 사람이 시인이라면 선택받은 것이다. 선택은 누구나 할 수 있지만 선택한다고 다 만족하는 것은 아니다. 선택은 자신이거나 아니면 신, 둘 중의 하나다.

김무현 시인은 선택했다. 늦게나마 시인의 길을 걸어가고 있는데 내일모레면 팔순이다. ‘나이야 저리 가라’는 식이다. 대상을 바라보는 시선이 깊고 넓다. 시를 사랑하는 것도 노을처럼 지고 나면 아프고, 번지면 지워지지 않겠지만, 아침은 가까이 있고 반드시 태양을 맞이한다.

나비와 거미 이야기가 생각난다. 나비는 거미줄에 걸려서 자신의 몸이 거미에게 먹히는 중에도 날개 안쪽에 알을 낳는다. 자신의 종이 이어지길 바란다. 거미는 생존을 위해 나비를 사냥할 수밖에 없고, 나비는 거미줄에 걸린 최후의 순간까지도 원한과 회한이 없다. 미안함도, 억울함도, 가해자도, 피해자도 없다. 이 시집에는 이런 나비와 거미가 산다.

거울을 보면서 거울에 비친 자신의 모습에 의문을 품을 때가 있다. 하지만 거울은 답을 주지 않는다. 김무현 시집에 흐르는 정서는 거울을 보고 나를 찾는 것이다. 열고 싶은 그림자여서 나를 찾는 것이다. 김무현 시인이 걸어온 역사는 그림자의 역사다. 아무리 열어봐도 여전히 그림자는 늘 옆에 있을 것이다.

문학의전당 시인선 406

달의 방정식

ⓒ 김무현

초판 1쇄 인쇄 2025년 12월 19일
초판 1쇄 발행 2025년 12월 26일
지은이 김무현
펴낸이 고영
디자인 헤이존
펴낸곳 문학의전당
출판등록 제448–251002012000043호
주소 충북 단양군 적성면 도곡파랑로 178
전화 043–421–1977
전자우편 sbpoem@naver.com

ISBN 979–11–5896–731–4 03810